Género Cuento folclórico

Pregunta esencial

¿Qué es un cuento folclórico?

El colibrí mensajero

Versión de Laura Fernández

Ilustrado por Claudio Cerri

Capítulo 1

Un mundo nuevo

Todo era nuevo sobre la tierra. Los árboles maduraban sus primeros frutos. Los animales daban sus primeros pasos y las aves comenzaban a cantar. Todo brillaba. Los rayos del sol tocaban la tierra por primera vez.

En este mundo nuevo, todos tenían un trabajo que hacer.

—Juguemos mientras trabajamos: haremos dulce miel —decidieron las abejas. Construían sus colmenas con disciplina y organización. Sus alas se movían haciendo zum, zum, zum.

La ceiba peinaba su frondosa copa.

Los viajeros fatigados se detenían para reponerse del sol y del calor.

—Yo daré sombra —dijo la ceiba—. Ayudaré a las personas en el verano.

—Y yo soplaré para refrescarlos —dijo el viento.

En las costas de Yucatán, el mar se agitaba.

—Yo daré vida a peces y plantas. Y transportaré los barcos de aquí para allá —declaró el mar.

Y el río prometió:

—Yo les daré agua a las personas. Así podrán calmar su sed.

Todos tenían un trabajo que cumplir.

Capítulo 2

Buenos deseos

Muchas familias vivían separadas. A veces los hijos se casaban y se iban a vivir lejos con su nueva familia. Algunas personas se iban en busca de alimento o aventuras. Algunos viajaban para estudiar.

Así es que muchas personas pensaban en su familia lejana. Mirando el cielo, imaginaban cómo sería la vida allá lejos en su casa. Y pensaban en todo lo que querían contar a su familia.

Pero no tenían manera de enviar sus buenos deseos. No sabían cómo transmitir lo que pensaban o lo que sentían.

Capítulo 3
El colibrí

Un día, un niño caminaba por la playa. Su abuela había tenido que viajar y aún no había regresado. El niño pensó:

—Abuela, estoy triste. ¡Cuánto te extraño! ¿Cuándo volverás?

De repente, vio una piedra en la arena y la levantó. El viento sopló fuerte y le arrebató la piedra de la mano.

La piedra dio vueltas en el aire. Con un giro, se transformó en un colibrí. El ave flotaba en el cielo como una pluma.

¡Sus alas se movían rapidísimo! Su pico era finito y largo como un alfiler. Era un ave muy delicada y ágil. Iba de una flor a otra sin mover ni una hojita.

El niño no podía creer lo que estaba viendo. El colibrí le dijo:

—Mira mis alas. Puedo volar muy rápido. Yo encontraré a tu abuela. ¡Le llevaré tu mensaje!

El colibrí batió sus alas. Surcó el cielo en busca de la abuela. Cuando la encontró, le transmitió todos los abrazos que el niño quería darle.

Desde entonces, el colibrí siguió volando de flor en flor. Y fue llevando de aquí para allá los pensamientos, deseos y mensajes de la gente. Así que si ves un colibrí... ¡ya sabes! ¡Detente a escuchar! Cuentan los mayas que los colibríes traen buenos deseos y mensajes de amor.

Respuesta a la lectura

Volver a contar

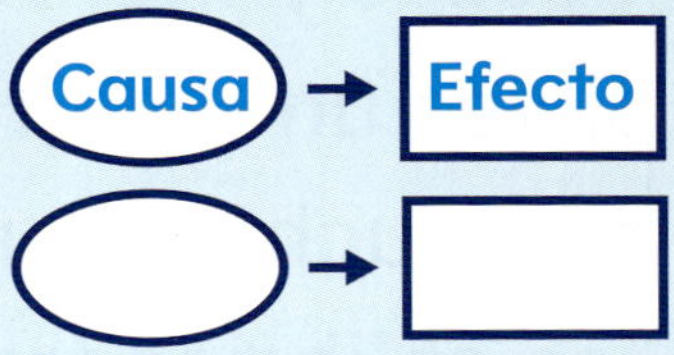

Vuelve a contar *El colibrí mensajero* con tus propias palabras.

Evidencia en el texto

1. Mira la página 4. ¿Por qué los viajeros se detienen bajo la ceiba? **Causa y efecto**

2. Mira la página 10. ¿Por qué está feliz la abuela? **Causa y efecto**

3. ¿Cómo sabes que *El colibrí mensajero* es un cuento folclórico? **Género**

Género Poesía

Compara los textos

Lee una poesía sobre los cuentos.

Este cuento

Carmen Delfino

Gregory Costanzo/Stone/Getty Images

Este cuento es tan viejito,
que nadie sabe cuándo comenzó.
Nadie sabe de dónde viene...
ni quién lo hizo ni dónde nació.

Este cuento me lo contó mamá,
y a mamá se lo contó su abuela.
¿Será que es una historia muy vieja
de esas que corren, saltan y vuelan?

Rubberball/PictureQuest

Yo lo cuento a mi manera,
con mi estilo y con mi voz.
Si te gusta, te lo regalo.
Es de todos, es de los dos.

Haz conexiones

Mira los dos textos. ¿Por qué los cuentos son importantes? ¿Qué nos pueden enseñar los cuentos?

El texto y otros textos

Ryan McVay/Lifesize/Getty Images

Enfoque: Género

Cuento folclórico Un cuento folclórico es una historia basada en tradiciones y costumbres. Los cuentos folclóricos se han pasado a lo largo de los años mediante la tradición oral. Por lo general, tienen moraleja.

Lee y descubre En *El colibrí mensajero* los animales hablan. En la vida real eso no sucede. Los animales no pueden hablar.

Tu turno

Escribe un cuento folclórico que explique por qué un fenómeno de la naturaleza es como es. Haz un dibujo del cuento. Muéstrales a tus compañeros tu cuento y tu dibujo.